Acné

-Causas, síntomas y tratamiento-

Emma Scott

Editorial Anuket

Índice:

Capítulo 1
Enfermedad de la piel

El acné es una patología inflamatoria del tejido cutáneo, caracterizada por la inflamación del folículo piloso y de la glándula sebácea. Todo comienza con la descamación de los queratinocitos y la consecuente obstrucción del folículo; de esta manera el sebo secretado por la glándula sebácea no puede escapar y se acumula en el sitio, favoreciendo la contaminación microbiana por Propionibacterium acnes.

La piel es un órgano real. Su capa más externa se llama epidermis. La dermis es la capa intermedia y contiene importantes estructuras de soporte como el colágeno. Aquí es donde surgen los pelos y las glándulas sebáceas, de donde se origina el acné, que son propiamente llamadas glándulas pilosebáceas. Debajo de estos tejidos se encuentra el tejido subcutáneo.

Cada cabello tiene una glándula adherida que produce sebo, esa es la grasa que hace que la piel sea elástica y la protege.

Si nuestra piel produce un exceso de sebo, este se acumula en la glándula. Alrededor de los 10 a 12 años de edad, la producción de sebo es más alta y también es el momento en que aparece el acné con más frecuencia.

Entonces, recuerde que un pequeño cabello corresponde a una gran glándula sebácea, que consume el cebo; por eso, la nariz y la frente (que carecen de cabellos) se encuentran entre las zonas más afectadas por el acné.

¿Cómo se forma el acné?

El "poro" por el que sale el pelo se obstruye y se llena de sebo y pequeños fragmentos de células epiteliales muertas.

Aparece una mancha blanca (punto negro cerrado) en el exterior del poro. La tapa se puede abrir bajo la presión del sebo y se puede formar una espinilla (punto negro abierto). Por muy feo que sea, da menos miedo, de hecho, no provoca inflamación. Si por el contrario el tapón se resiste, el sebo se acumula en el canal donde está el pelo, hasta desgarrar la vaina que lo recubre y crear inflamación.

Si la epidermis se rompe, aparece el clásico "forúnculo" (pústula), o aparece una pápula (Una pápula es un sólido o quístico punto planteado en la piel que es de menos de 1 centímetro (cm) de ancho. Es un tipo de lesión cutánea)

Si la inflamación no encuentra salida, se forman quistes o nódulos.

El acné adolescente afecta principalmente el área de la frente y la nariz; mientras el acné de la edad adulta, se observa en la parte inferior de la cara, el cuello y los hombros o en todo caso, en todas las zonas donde hay más glándulas sebáceas.

Clasificación

Básicamente, es posible distinguir dos formas diferentes de acné: el acné endógeno y el acné exógeno.

El acné endógeno, también definido como acné vulgar o juvenil, afecta el área de la piel de la cara, el pecho, los hombros y el tronco; puede surgir debido a factores hereditarios o ambientales, como los trastornos alimentarios y el estrés. La aparición de esta forma de acné es muy frecuente en la pubertad y por ello se denomina acné juvenil. Este período de tiempo se caracteriza, de hecho, por una sobreproducción de andrógenos, que conducen a una hipersecreción sebácea con formación de comedones. La espinilla puede ir seguida de un proceso inflamatorio desencadenado por la acción de Propionibacterium acnes: esta bacteria hidroliza el sebo a ácidos grasos libres, que tienen una acción quimiotáctica sobre los tejidos de la dermis.

El acné exógeno, por el contrario, es un tipo de acné caracterizado por dermatosis clínicas de carácter iatrogénico, cosmético o incluso provocado por contaminantes en el lugar de trabajo.

Es útil clasificar el acné según sus características; esto será de gran ayuda tanto para el paciente como para el médico.

En este sentido, podemos distinguir diferentes tipos de acné:

• **Comedónico leve:** hay pocos puntos negros en la frente o la nariz.

- **Comedónico severo:** toda la cara y la espalda están llenas de puntos negros.
- **Pápulo -Comedónica**: hay comedones e hinchazones más dolorosas y rojas.
- **Pápulo -Pustular:** hay pápulas y también pústulas.
- **Pustular:** Se caracteriza por una inflamación generalizada y casi todas las pápulas se han convertido en pústulas.
- **Pústula -Quística:** caracterizada por quistes o nódulos duros que contienen sebo y queratina.
- **Quístico:** los quistes son mucho más numerosos que las pústulas.
- **Conglobata**: los comedones se agregan y crean lesiones profundas que dejarán cicatrices.

Estos tipos de acné se distinguen de otra enfermedad de la piel llamada acné rosácea; es una dermatosis causada por un ácaro parásito, es más frecuente en mujeres y se observa con enrojecimiento de la cara (mejillas, nariz), pápulas, pústulas y picazón intensa. La piel es seborreica y muy propensa al enrojecimiento.

Capítulo 2
Causas

Las causas que provocan la aparición del acné pueden ser de diferente origen y naturaleza. Entre estas encontramos:

- **Desequilibrios hormonales:** la glándula sebácea, en respuesta a las hormonas masculinas (testosterona), presentes tanto en hombres como en mujeres, produce un exceso de sebo. Esto no quiere decir que haya un desequilibrio hormonal, sino que simplemente la glándula sebácea "trabaja" en exceso.

- **Causas bacterianas:** el acné se ve favorecido por una bacteria llamada Propionibacterium Acnes que normalmente vive en la piel en condiciones fisiológicas. Si los poros de la piel se obstruyen, se multiplica y provoca inflamación.

- **Estrés:** todas las ansiedades y tensiones crean un exceso de trabajo de las glándulas suprarrenales que producen más hormonas (cortisol, hormonas masculinas en pequeñas cantidades). El aumento en los niveles de hormonas en el cuerpo puede estimular a las glándulas sebáceas a "trabajar más", lo que resulta en una sobreproducción de sebo y la aparición de acné.

- **Factores genéticos**: como ocurre con muchos otros trastornos, incluso en la aparición del acné parece haber implicación de cierta predisposición y familiaridad genética.

- **Medicamentos y cosméticos:** fármacos como la cortisona, la testosterona o los anabólicos y productos cosméticos como cremas y lanolina o vaselina base pueden empeorar el cuadro clínico del acné.

- **Nutrición:** en algunos casos, el acné puede desencadenarse por una intolerancia a un determinado alimento. Los alérgenos alimentarios más comunes son la leche, el queso y la harina de trigo. Es recomendable comer mucha fruta y verdura, mantener una dieta variada y equilibrada, reducir los alimentos demasiado condimentados que sobrecargan innecesariamente el hígado y los alimentos ricos en grasas, que aumentan la síntesis de hormonas derivadas del colesterol, incluidas las masculinas.

Signos y síntomas

Las manifestaciones sintomáticas del acné son evidentes y generalmente muy acentuadas en el rostro: se trata de comedones, pápulas, quistes, hasta cicatrices reales que afectan también a la dermis.

Otras patologías

Propionibacterium acnes no está implicado única y exclusivamente en la aparición o el empeoramiento de las manifestaciones del acné. De hecho, también puede convertirse en un patógeno oportunista, en ocasiones identificado como responsable de artritis, osteomielitis, endocarditis, meningitis e infecciones quirúrgicas (al estar protegida dentro de los folículos pilosebáceos, resiste muy bien a los procedimientos de desinfección cutánea preoperatoria).

Además, algunos estudios han demostrado la presencia de P. acnes en pacientes que padecen sarcoidosis y ciática, asumiendo por tanto una relación entre estas patologías y la presencia de una posible infección.

En pacientes con sarcoidosis, se ha encontrado P. acnes dentro de los ganglios linfáticos. Sin embargo, en pacientes que sufrían de ciática, se encontraba a nivel de los discos intervertebrales.

Finalmente, la inflamación provocada en la piel por Propionibacterium acnes puede crear condiciones favorables para el desarrollo de infecciones secundarias por otras bacterias que normalmente no forman parte de la flora comensal de la piel, como, por ejemplo, Staphylococcus epidermidis.

Capítulo 3
Acné quístico

Acné quístico: qué es, causas y tratamiento

El acné quístico (también llamado acné nódulo-quístico) es una enfermedad de la piel caracterizada por la aparición de nódulos y/o quistes. Esta afección afecta principalmente a la cara, pero también puede extenderse a la parte superior del tronco (espalda y tórax). Representa la variante más grave del acné.

Las causas del acné quístico aún no se conocen del todo, pero varios factores pueden favorecer su aparición; estos incluyen: variaciones hormonales, predisposición genética, cuidado incorrecto de la piel, estrés y algunas terapias. El cuadro clínico se manifiesta principalmente en la adolescencia (pubertad), pero también puede comenzar de forma tardía, alrededor de los 18-20 años.

Reconocer y saber manejar oportunamente el acné quístico es importante para evitar la formación de cicatrices antiestéticas y difíciles de minimizar.

El tratamiento de las lesiones de acné utiliza varios agentes tópicos y sistémicos destinados a reducir la producción de sebo, la formación de comedones, la infección y la inflamación. Por lo general, la ruta de tratamiento se basa en la gravedad del acné quístico.

Causas

El acné quístico es un trastorno de la piel causado por la inflamación crónica de los folículos pilosos y sus correspondientes glándulas sebáceas. Estos últimos son, en particular, afectados por una activación excesiva, en respuesta a un estímulo neuroendocrino.

Al funcionar más de lo normal, las glándulas sebáceas producen más sebo (una secreción aceitosa que normalmente forma una fina capa protectora sobre la piel). Al mismo tiempo, se produce la queratinización del conducto sebáceo, debido a la hiperactividad de los andrógenos (hormonas sexuales masculinas también presentes en pequeñas cantidades en el organismo femenino).

El sebo mezclado con células córneas se acumula en el folículo, creando una especie de "tapón", que impide que la secreción fluya hacia afuera. Así se forma la espinilla, más conocida como punto negro, que constituye la lesión primaria del acné. La inflamación de los comedones cerrados se manifiesta por una pápula enrojecida, ligeramente elevada, sobre la que puede superponerse una pústula (grano) debido a la proliferación de bacterias que normalmente están presentes en el ecosistema cutáneo. La extensión del proceso inflamatorio en profundidad provoca la formación de nódulos y quistes.

A diferencia de otras formas de acné (p. ej. papulo-pustuloso, comedónico, etc.), la variante quística se caracteriza por una amplificación de los mecanismos patogénicos que subyacen a la misma patología.

Factores de riesgo

Muchos factores pueden contribuir a la aparición del acné quístico, como:

• **Edad**- La enfermedad es principalmente adolescente: durante la pubertad, de hecho, el aumento de andrógenos estimula la producción de sebo y la hiperproliferación de queratinocitos. Los cambios hormonales que ocurren durante el embarazo o durante el ciclo menstrual también pueden contribuir a las manifestaciones del acné quístico.

• **Fármacos**- El mecanismo que conduce a la formación de lesiones de acné puede verse favorecido por terapias a base de cortisona (utilizada para controlar la inflamación) y progestina (con fines anticonceptivos). Otros medicamentos comúnmente implicados en la aparición del acné quístico son los antidepresivos, como el carbonato de litio.

• **Cosméticos**- El riesgo de desarrollar acné quístico aumenta si la piel no se trata adecuadamente. El uso de cosméticos inadecuados, demasiado grasos y comedogénicos favorece la acumulación de sebo y la obstrucción del folículo piloso. Lavarse la piel con demasiada fuerza también puede empeorar la situación.

• **Familiaridad**- En algunos casos, entonces, la predisposición al trastorno juega un papel importante: las personas con familiares cercanos que han sufrido acné quístico, tienen un mayor riesgo de desarrollar la misma patología.

- **Patologías actuales o previas-** En mujeres adultas, el acné quístico puede depender del ovario poliquístico: el quiste dentro de los ovarios o las terapias para hacerlos retroceder pueden favorecer un aumento de andrógenos, cuya acción estimula la producción de sebo. Otras condiciones con las que se puede asociar la patología son la endometriosis y la dismenorrea.

- **Otros factores-** Los hábitos de fumar y la exposición solar exagerada sin las precauciones necesarias (como la aplicación de protectores solares no comedogénicos) también predisponen al acné quístico en adultos. También se deben evitar los excesos dietéticos y las ganancias de peso, ya que pueden provocar desequilibrios hormonales, a menudo implicados en los mecanismos subyacentes a la enfermedad.

Síntomas y Complicaciones

El acné quístico se caracteriza por la aparición de nódulos y/o quistes subcutáneos, especialmente en la cara y el tronco (espalda y tórax).

- El nódulo es una lesión circunscrita con una forma relativamente esférica, similar a una pápula, pero localizada profundamente en la piel. Esta supera los 5 mm de diámetro y puede persistir durante varias semanas.

- Los quistes son lesiones dolorosas de color rojo púrpura que resultan de la inflamación de los tejidos blandos que rodean los folículos; material líquido de color amarillento puede salir de estas formaciones. El tamaño de los quistes es inconstante y puede variar desde unos pocos milímetros hasta unos pocos centímetros.

A menudo, estas manifestaciones se asocian con ardor, picazón y presión dolorosa Entonces, en algunos casos de acné quístico, las lesiones nodulares y quísticas pueden fusionarse entre sí.

Otros signos cutáneos de la enfermedad también están presentes en otras formas de acné e incluyen:

• **Comedones:** son tapones de sebo adheridos dentro de los folículos; estos aparecen en forma de puntos blancos o negros. Los puntos blancos (comedones cerrados) son lesiones coloreadas o blanquecinas palpables, de 0,1-3 mm de diámetro; Los puntos negros (comedones abiertos) tienen un aspecto similar, pero con una zona central dilatada y oscura.

• **Pápulas:** son pequeñas lesiones de la piel elevadas con respecto al plano cutáneo, de color rosa rojizo, provocadas por la irritación en el interior del folículo. Por lo general, las pápulas tienen menos de 10 mm de diámetro y, en algunos casos, adoptan una forma de racimo y se acompañan de una erupción cutánea.

• **Pústulas**: son las denominadas espinillas con punto blanco o amarillo, es decir, lesiones circunscritas más superficiales que las pápulas que derivan de la acumulación de material purulento.

Si las lesiones del acné quístico son profundas y crónicas, la situación puede complicarse y pueden aparecer manchas oscuras y cicatrices permanentes en la piel. En el dorso predominan grandes formaciones quísticas con fenómenos supurativos y abscesos.

Resultados de cicatrización

Si no se trata de manera adecuada y oportuna, con la ayuda de un dermatólogo, el acné quístico puede dar lugar a cicatrices antiestéticas y, en ocasiones, desfigurantes. En relación con la superficie de la piel, estas lesiones pueden estar deprimidas (moldeadas) o elevadas (similares a queloides). Además, las cicatrices del acné quístico pueden adquirir un color marcado (marrón rojizo), claro (blanco-rosácea) o rojizo (si está inflamado), en comparación con la pigmentación de la piel sana circundante.

Las manifestaciones del acné quístico a menudo crean una incomodidad significativa en la víctima.

El acné quístico se puede tratar de manera efectiva con la ayuda del dermatólogo, incluso si el camino terapéutico puede ser bastante largo, antes de que se puedan apreciar las mejoras.

Diagnóstico

Para tratar correctamente el acné quístico, es recomendable contactar con su dermatólogo o con su médico de familia cuando aparezcan los primeros signos.

Durante un examen dermatológico, durante el cual el especialista destacará la presencia de nódulos y quistes, se realiza el diagnóstico.

Terapia

El tratamiento del acné quístico requiere un enfoque especializado dermatológico específico y personalizado. Los enfoques disponibles pueden actuar a diferentes niveles del proceso patogénico del acné: sobre la caua hormonal, sobre la hiperqueratinización y sobre la flora bacteriana. El objetivo del régimen terapéutico es prevenir la formación de nuevas lesiones y mejorar las existentes reduciendo y eliminando las erupciones.

Medicamentos tópicos

Los tratamientos tópicos incluyen la aplicación de geles, soluciones y lociones a base de antisépticos o cremas a base de retinoides para aplicar sobre la piel. En algunos casos, también se pueden usar antibióticos locales y ácido azelaico. Los productos de uso tópico pueden ejercer una acción antibacteriana y/o favorecer la descamación de las capas superficiales de la piel. El objetivo final es dificultar la proliferación bacteriana y evitar la obstrucción del conducto folicular.

Medicamentos sistémicos

En casos graves, la terapia se basa en la ingesta oral de fármacos sistémicos, como antibióticos, isotretinoína, estrógenos y antiandrógenos.

- **Isotretinoína**

La terapia de elección para el acné quístico es la isotretinoína, un derivado retinoide de la vitamina A. Este fármaco ejerce una acción antiinflamatoria, suprimiendo la actividad de la glándula sebácea y normalizando la queratinización dentro del folículo. La isotretinoína reduce así la probabilidad de que se bloquee el conducto excretor de la glándula sebácea, evitando la formación de puntos negros y foliculitis.

La isotretinoína es capaz de hacer retroceder nódulos y quistes aproximadamente dentro de los 4 a 6 meses de tratamiento. Sin embargo, tomada a largo plazo, la isotretinoína puede dar lugar a diferentes tipos de efectos secundarios, por lo que solo debe usarse bajo la supervisión de un especialista. En particular, el medicamento no debe tomarse durante el embarazo, ya que puede causar defectos en el feto. Por ello, las mujeres en edad fértil que toman isotretinoína deben utilizar métodos anticonceptivos o abstenerse de tener relaciones sexuales, desde el mes anterior a la terapia hasta el mes siguiente a su interrupción.

- **Antiandrógenos y anticonceptivos orales**

El uso de fármacos con acción antiandrogénica puede, por otro lado, inducir una reducción de la secreción sebácea, actuando sobre las células de la unidad pilosebácea (incluidos los queratinocitos foliculares y los sebocitos) sensibles a la acción de estas hormonas. Los medicamentos que pueden afectar la actividad hormonal androgénica y la producción de sebo incluyen anticonceptivos hormonales combinados, espironolactona (compuesto esteroide sintético con una estructura similar a la progesterona y la aldosterona) y acetato de ciproterona (progestágeno con efecto antiandrogénico).

Otras medidas terapéuticas

En cuanto al tratamiento para minimizar las cicatrices, las intervenciones varían de un sujeto a otro y pueden ser de tipo químico (ej. micropeeling) o físico (ej. láser fraccionado, terapia fotodinámica, etc.).

Capítulo 4
Tratamiento

Hay varios tratamientos que pueden llevarse a cabo para vencer el acné. Dependiendo de la gravedad del trastorno y de la causa que lo provocó, existen diferentes abordajes que se pueden realizar: desde remedios naturales u homeopáticos, hasta tratamientos farmacológicos reales que deben ser prescritos por el médico o dermatólogo.

Sin embargo, para remediar las consecuencias del acné como cicatrices e imperfecciones diversas, se puede recurrir a diversos tipos de técnicas de medicina estética, siempre bajo el consejo de su médico o dermatólogo.

Diagnóstico

Para el dermatólogo, es fácil reconocer una determinada forma de acné a primera vista. Por otro lado, es más problemático comprender su origen e identificar los factores que lo provocaron, especialmente si quien lo padece es una mujer que ha superado la adolescencia. En este caso, de hecho, el trastorno puede depender de una mala función de algunas glándulas endocrinas (productoras de hormonas), principalmente las suprarrenales y los ovarios, o por poliquistosis ovárica (presencia de quistes benignos y múltiples que afectan a los ovarios).

El médico prescribirá análisis de sangre y orina específicos para evaluar la dosificación de las hormonas involucradas. Cualquier quiste se detecta por un ultrasonido pélvico. Si, por el contrario, se sospecha una intolerancia alimentaria, se realizarán pruebas de alergenicidad para desenmascarar los alimentos no tolerados.

Tratamientos dermoestéticos

En general, los tratamientos dermoestéticos se utilizan no tanto para el tratamiento directo del acné, como para atenuar y, preferentemente, eliminar la cicatrización resultante de este trastorno.

Entre los principales tratamientos dermoestéticos que se pueden utilizar en esta zona, recordamos:

- Peelings químicos.
- Dermoabrasión y microdermoabrasión.
- Terapia láser.

¿Qué es Propionibacterium acnes?

Propionibacterium acnes es una bacteria anaerobia grampositiva, no formadora de esporas, que normalmente reside en la piel humana, en particular en los folículos pilo-sebáceos, donde extrae los nutrientes que necesita del sebo, de los subproductos del metabolismo de la piel y de los desechos celulares presentes en estas áreas.

Si bien representa un miembro comensal común de la flora de la piel, Propionibacterium acnes es conocido sobre todo por su importante papel en la etiopatogenia del acné.

Papel en el acné

Propionibacterium acnes prefiere condiciones de anaerobiosis (ausencia de oxígeno) asociadas a la presencia de abundantes secreciones sebáceas; estas circunstancias se materializan en el interior de los comedones (tapones de los poros de la piel), diminutos puntos negros que impiden la salida normal del sebo hacia el conducto del folículo pilo-sebáceo, y de allí a la superficie cutánea.

La actividad de Propionibacterium acnes dentro de los comedones determina una respuesta inflamatoria mediada por la liberación de diversas sustancias capaces de desempeñar un papel en la patogenia del acné: hialuronidasa, proteasa, lipasa y factores quimiotácticos para neutrófilos, linfocitos y macrófagos. Bien conocida, en este sentido, es la capacidad de Propionibacterium acnes para producir una lipasa extracelular que hidroliza los triglicéridos del sebo a glicerol y ácidos grasos, favoreciendo el crecimiento de otras especies bacterianas, predisponiendo a la comedogénesis y agravando la inflamación local. Esta inflamación socava la integridad de los queratinocitos y la pared folicular, dañándola hasta romperla.

En algunos sujetos, la reacción inflamatoria de la piel a estos eventos es tal que desencadena una reacción inflamatoria de crecimiento exponencial, que culmina en los signos típicos del acné: formación de pápulas, pústulas y nódulos.

Tratamiento

Debido al importante papel de Propionibacterium acnes en la etiopatogenia del acné, los antibióticos - tanto tópicos como sistémicos- constituyen una importante ayuda en la terapia farmacológica del acné, especialmente del pustular.

Normalmente, el uso de la antibioterapia tópica se reserva sólo para los casos más graves de acné, más aún en el caso de la antibioterapia oral, para evitar el establecimiento de resistencias a los mismos antibióticos.
De hecho, a pesar de que la acción bacteriostática, bactericida y antiinflamatoria de estos fármacos es terapéuticamente ventajosa, ya se conoce el crecimiento de las cepas de Propionibacterium acnés resistentes a algunos de los antimicrobianos normalmente utilizados en terapia tópica, como clindamicina, eritromicina, peróxido de benzoilo, meclociclina, nadifloxacino, gentamicina y ácido azelaico.

Por esta razón, el uso de antibióticos debe estar en pleno cumplimiento de las prescripciones médicas. En general, el tratamiento del acné con antibióticos tópicos debe limitarse a un período de 6 a 8 semanas y, lo que es más importante, estos medicamentos no deben usarse solos.

Los retinoides tópicos (como adapaleno, tretinoína o isotretinoína) aumentan la eficacia antiacné de los antimicrobianos al facilitar su penetración en los folículos pilosebáceos bloqueados, donde se encuentra Propionibacterium acnes.

Cicatrices de acné

Entre los principales y más evidentes daños que puede causar el acné se encuentran, sin duda, las tan odiadas cicatrices.

En términos generales, si el acné se ha curado y tratado a tiempo, es poco probable que deje cicatrices. La piel, de hecho, una vez que se ha curado, tiende a renovarse espontáneamente.

Si el acné ha dejado marcas superficiales, basta con aplicar cremas que contengan bajas concentraciones de ácido glicólico, que alisen la piel de forma progresiva. El ácido glicólico, en efecto, es capaz de ejercer una acción exfoliante sobre la piel gracias a su capacidad de debilitar las fuerzas de cohesión entre los corneocitos que se encuentran en la porción superficial de la epidermis.

Si, por el contrario, las cicatrices del acné son especialmente profundas y evidentes, se pueden utilizar varios tipos de tratamientos dermoestéticos - preferiblemente bajo prescripción del dermatólogo- que deben realizarse estrictamente en consultas de dermatología o medicina estética.

Entre estos tratamientos encontramos:

• **Peeling de ácido glicólico:** es un tratamiento indoloro que garantiza una presentabilidad inmediata. Tiene un doble mecanismo de acción: por un lado, provoca una descamación progresiva de la piel no apreciable a simple vista, por otro estimula la producción de colágeno y elastina. Como regla general, un ciclo completo incluye de cuatro a seis exfoliaciones realizadas con quince días de diferencia.

• **Peeling de ácido acetilsalicílico:** el ingrediente activo de Aspirin® es conocido por sus actividades antiinflamatorias, analgésicas y antipiréticas (contra la fiebre). En la terapia del acné, se aprovechan sus propiedades para disminuir la cohesión de las laminillas córneas (en la epidermis), para reorganizar el proceso de queratinización, para eliminar impurezas y puntos negros impidiendo su reforma. Utilizado en bajas concentraciones (3-5%) también puede ser utilizado por esteticistas como un peeling delicado. Este peeling tiene una acción exfoliante completa sobre la capa córnea superficial, no daña la dermis, y por lo tanto protege contra cualquier riesgo de lesiones o la formación de manchas. Para descartar posibles fenómenos alérgicos, conviene realizar previamente una prueba de reacción cutánea.

• **Dermoabrasión:** es el método más invasivo. En este caso, la piel se alisa con un "cepillo" que gira a muy alta velocidad. En los siguientes cuatro meses, está absolutamente prohibido exponerse al sol y los resultados son visibles solo después de la curación. Esta técnica se utiliza para eliminar cicatrices especialmente evidentes o sobre elevadas y debe ser realizada única y exclusivamente por personal médico especializado.

• **Microdermoabrasión:** es un tratamiento estético -más seguro y delicado que la mencionada dermoabrasión- que elimina las manchas acneicas con la ayuda de una aspiradora y un polvo mineral sin riesgo de infecciones ni sangrado, ardor e hinchazón. No rompe el equilibrio celular a nivel de la dermis, ya que actúa superficialmente sobre la epidermis. Cada sesión dura entre 20 y 30 minutos y generalmente se recomiendan una docena, comenzando con una sesión por semana. También en este caso, aunque la microdermoabrasión se considera un tratamiento más delicado y relativamente sencillo de realizar, sólo debe ser realizada por personal especializado que trabaje en instalaciones adecuadas, para evitar la aparición de desagradables y peligrosos efectos adversos.

Los tiempos de cicatrización varían según el tipo de tratamiento a realizar. En cualquier caso -independientemente del tipo de técnica utilizada- para evitar la aparición de complicaciones y efectos secundarios, es recomendable evitar la exposición solar tanto antes como después del tratamiento. Por las mismas razones, es muy importante utilizar protectores solares con un alto índice de protección y seguir estrictamente todas las indicaciones del médico.

Peeling Cosmético

El peeling es un tratamiento dermocosmético destinado a la exfoliación de la piel que se basa en el uso de sustancias químicamente activas como los alfa-hidroxiácidos (incluido el ácido glicólico), los beta-hidroxiácidos (por ejemplo, el ácido salicílico) y los derivados del ácido retinoico.

Los ingredientes que contienen los peelings cosméticos permiten eliminar las células cutáneas desvitalizadas que se depositan en la superficie, para llegar a estimular en profundidad los mecanismos de renovación de la capa córnea. La exfoliación con peeling cosmético devuelve a la piel un aspecto terso, compacto y radiante.

Incluso en sus procesos de regeneración natural, la piel puede ser ayudada con tratamientos y curas específicas, como los peelings cosméticos. De hecho, el proceso de renovación celular se ralentiza con el paso de los años.

Las células muertas tienden a "pegarse" a la superficie de la piel y su mayor permanencia conduce a una mayor opacidad con una reducción de la elasticidad e hidratación general de la piel. Promover el recambio epidérmico no solo significa promover la eliminación de estos elementos desvitalizados, sino también estimular la capa basal para sintetizar nuevas células. Después de la exfoliación, el resultado es visible: la superficie de la piel renovada recupera el brillo y mejora tanto la suavidad como la tez.

Acciones y Resultados

Los peelings cosméticos cumplen la función de regenerar la epidermis, permitiendo acelerar el recambio celular natural y que la piel "respire". De hecho, se trata de productos que estimulan la renovación de la piel, favoreciendo la eliminación de células desvitalizadas, impurezas e imperfecciones.

Tras la exfoliación mediante peeling cosmético, la textura de la piel se afina visiblemente y recupera su luminosidad natural, además de ser más receptiva a las sustancias funcionales presentes en los tratamientos hidratantes y nutritivos que se aplicarán posteriormente.

Una frecuencia regular en el uso de peelings cosméticos permite mantener la piel revitalizada y tersa y relajar los rasgos faciales.

¿Para quién está recomendado el Peeling Cosmético?

Especialmente en mujeres mayores de 35-40 años, se aconseja la exfoliación con peeling cosmético ya que favorece la eliminación de las células muertas de la superficie cutánea y favorece el recambio epidérmico.

Las pieles maduras pueden beneficiarse de la acción de los peelings cosméticos para devolver luminosidad y tersura al rostro, alisar las arrugas, atenuar las manchas y regenerar el colágeno.

El peeling cosmético estimula la exfoliación y la consiguiente reposición de la piel a través de una acción química particular, a diferencia de los exfoliantes y gommage que aportan elementos de formulación que provocan la microdermoabrasión (gránulos, esférulas, polvos muy finos o sales) para eliminar las células superficiales en curso de descamación.

En comparación con la exfoliación mecánica, el peeling cosmético promueve un efecto más profundo: en general, estos productos tienen propiedades queratolíticas, es decir, reducen la cohesión de los corneocitos por acción directa sobre las uniones entre células (desmosomas). En consecuencia, se favorece el desprendimiento y eliminación de las células muertas que se depositan en las superficies y, al mismo tiempo, se estimulan los mecanismos de renovación del estrato córneo.

El peeling cosmético también promueve los siguientes efectos en la piel:

•	Mejora cualitativamente las fibras elásticas, estimulando la epidermis en profundidad.

•	Ejerce una acción antienvejecimiento al atenuar la visibilidad de las imperfecciones asociadas al envejecimiento de la piel, como las pequeñas arrugas, y alisa la epidermis.

•	Ayuda a minimizar las hipercromias, cicatrices y marcas leves de acné.

Que contiene

Existen varios tipos de peeling cosmético: en primer lugar, cabe destacar que los productos de uso doméstico (destinados, para ser claros, a la rutina del cuidado de la piel en casa) se diferencian en la cantidad y calidad de las sustancias funcionales presentes en tratamientos ambulatorios, utilizados exclusivamente por personal médico.

Los peelings también se caracterizan por una diferente profundidad de acción, es decir, por una intensidad de exfoliación de un grado más o menos invasivo; esto depende del principio activo con el que se realiza el tratamiento, de su concentración y del pH definido. Los llamados peelings medios o profundos se realizan normalmente en el ámbito médico-estético, ya que la exfoliación de la piel es muy marcada y requiere precauciones específicas. Las variantes cosméticas para uso doméstico son, en cambio, peelings superficiales e implican el uso de sustancias de acción más delicada, pudiendo limitarse a la exfoliación de la capa córnea de la epidermis.

Sustancias Funcionales del Peeling Cosmético

Por lo general, la exfoliación cosmética para uso doméstico se formula en forma de una solución alcohólica o gel y productos químicos exfoliantes. En estos tratamientos se pueden encontrar ingredientes funcionales de origen natural o sintético.

Las sustancias más utilizadas en la formulación de un peeling cosmético incluyen:

- **Alfa-hidroxiácidos (AHA):** los más habituales en cosmética son el ácido láctico y el ácido glicólico. Los alfa-hidroxiácidos (también conocidos como ácidos de frutas) se consideran sustancias de origen natural, aunque pueden reproducirse sintéticamente. El ácido glicólico es abundante, por ejemplo, en la caña de azúcar, las uvas agrias y la remolacha. Los alfa-hidroxiácidos han despertado especial interés por la acción regeneradora que ejercen sobre la epidermis. En particular, el mencionado ácido glicólico concentrado al 4-5% ejerce un efecto principalmente hidratante; sin embargo, a concentraciones superiores al 8-10%, comienza a surgir una actividad suavizante.

- **Beta-hidroxiácidos (BHA):** estos incluyen ácido salicílico en concentraciones limitadas; este activo se utiliza para realizar peelings superficiales especialmente en el tratamiento del acné.

- **Alfa-cetoácidos:** el principal representante de esta categoría es el ácido pirúvico, sustancia muy utilizada en los llamados peelings suaves; es un ingrediente funcional capaz de disminuir la cohesión de los queratinocitos de forma más marcada que la del ácido glicólico y tiene una acción sebostática que lo hace especialmente indicado para el tratamiento del acné.

- **Polihidroxiácidos:** ejemplos son gluconolactona y ácido lactobiónico; Los polihidróxidos producen efectos similares a los alfa hidroxiácidos, pero son menos irritantes.

•	Derivados del ácido retinoico (forma ácida de la vitamina A): el precursor de la vitamina A más utilizado en cosmetología es el palmitato de retinilo.

Cómo utilizar

El peeling cosmético consiste en la aplicación del producto sobre las partes a tratar, generalmente con un algodón, durante unos segundos. Una vez realizado el tratamiento, puede ser beneficioso pulverizar sobre la piel una nube de agua termal calmante e hidratante. Tras estos gestos, la piel estará lista para recibir los principios activos de los tratamientos que se aplicarán posteriormente.

El peeling cosmético es particularmente eficaz: desde las primeras aplicaciones, la piel estará más compacta, aterciopelada al tacto y tonificada. Sin embargo, este tratamiento puede resultar agresivo para algunos tipos de piel y no está exento de efectos secundarios si no se utiliza adecuadamente. Por ello, se debe elegir el peeling cosmético más adecuado al tipo de piel con el asesoramiento del dermatólogo. También se debe considerar que los peelings cosméticos para uso doméstico están disponibles con diferentes formulaciones y niveles de profundidad: dependiendo de esta característica, se indica una frecuencia de uso diferente. Si la piel está seca, por ejemplo, generalmente se recomienda una exfoliación muy delicada, con peelings químicos formulados con principios activos en bajas concentraciones (ej. ácido glicólico al 8%) y con un pH no inferior a 4-5.

Precaución

Para no estresar en exceso la piel, durante la aplicación es mejor no insistir en determinadas zonas: el riesgo es promover irritaciones o reacciones adversas, como una mayor sensibilidad cutánea. En caso de dudas sobre los métodos de uso, siempre es recomendable leer y seguir las instrucciones del envase, de la etiqueta o del prospecto que acompaña al producto.

Frecuencia

La frecuencia de uso debe tener en cuenta sobre todo el tipo de piel: en los peelings cosméticos superficiales y caseros, la aplicación puede variar de 1-2 veces a la semana a 1-2 veces al mes y es posible repetir el tratamiento hasta 3 o 4 veces en un año. A título indicativo, el uso periódico es más cercano en el caso de las pieles mixtas que en las secas, ya que tienen una mayor necesidad de favorecer la exfoliación cutánea para reducir el sebo en la superficie y disminuir la formación de puntos negros que pueden convertirse en granitos.

Consejos de uso

Como se recomienda para otros cosméticos, sería recomendable probar el peeling cosmético en una pequeña zona antes de su uso, para comprobar cómo reacciona la piel y prevenir fenómenos de sensibilización. Si no aparece hormigueo, enrojecimiento u otras reacciones anormales, puede continuar con la aplicación de manera segura.

El tratamiento exfoliante con peeling cosmético se recomienda por la noche para evitar el riesgo de irritar la piel y permitir que, durante el descanso nocturno, recupere su equilibrio.

Contraindicaciones y posibles efectos secundarios

•   No utilice el peeling cosmético antes, después o durante la exposición de la piel a la radiación ultravioleta (UV) artificial o natural: los peelings cosméticos por exfoliación privan a la piel de su protección fisiológica, haciéndola más expuesta a la absorción UV.

•   No se recomienda realizar el tratamiento más de una o dos veces por semana, ya que puede irritar o hacer que la piel se vuelva excesivamente reactiva, especialmente si es seca o sensible. Siempre preste atención para evitar el área de los ojos.

•   Si existen imperfecciones o problemas particulares de la piel, consulte previamente a su dermatólogo sobre la posibilidad de utilizar el peeling cosmético. Si la piel es muy frágil o sujeta a cuperosis, por ejemplo, sería bueno evitar este tipo de tratamientos. La misma recomendación es válida en presencia de formas severas de acné en la fase inflamatoria.

•   El peeling cosmético está contraindicado en caso de herpes labial en curso o con recurrencias próximas, después de tratamientos estéticos ambulatorios, en presencia de heridas abiertas. Por lo general, no se recomienda el tratamiento durante el embarazo.

Tipos e Indicaciones

El peeling químico es un tratamiento dermoestético, utilizado para contrarrestar y eliminar diversos tipos de imperfecciones; además, en algunos casos, también puede resultar útil en el tratamiento de diversas enfermedades de la piel.

Realizar un peeling químico básicamente significa practicar una exfoliación química de la piel, favoreciendo así la renovación celular. Para llevar a cabo esta exfoliación se utilizan sustancias específicas: exfoliantes químicos.

Según el tipo de imperfección/trastorno a tratar, el peeling químico se puede realizar tanto en centros de estética como de forma ambulatoria por personal médico. Naturalmente, el peeling químico que se realiza en los centros de estética es menos profundo que el que se realiza a nivel dermatológico; por tanto, sólo puede utilizarse para el tratamiento de las imperfecciones más superficiales.

Como se mencionó, la exfoliación química se puede utilizar para el tratamiento de diversas manchas y enfermedades de la piel, tales como:

- Arrugas
- manchas en la piel
- Pecas

- Cicatrices de acné
- Estrías
- Queratosis
- Melasmas
- Psoriasis
- Verrugas
- Acné
- Rosácea
- Dermatitis seborreica.

Clasificación y tipos de peeling químico

Los peelings químicos se pueden clasificar según la profundidad a la que se realizan. En este sentido, podemos distinguir:

Peeling muy superficial

Es un peeling químico que exfolia la capa más superficial y externa de la piel, cuyo uso está indicado sobre todo para reducir la opacidad cutánea. Un peeling químico muy superficial, por lo tanto, tiene una acción limitada sobre la capa córnea de la epidermis.

Peeling superficial

Es un peeling químico que actúa de forma un poco más profunda, llegando hasta la capa basal de la epidermis, a nivel de la cual crea una necrosis. Está especialmente indicado para cicatrices, hiperpigmentaciones y arrugas superficiales.

Peeling medio

Es un peeling químico que realiza una acción de profundidad media y actúa a nivel de la epidermis y la dermis papilar, donde crea necrosis e inflamación. Su uso está indicado para el tratamiento de cicatrices de acné y varicela, acné papulo-pustuloso, melasma y arrugas de mediana profundidad.

Peeling profundo

Es un peeling químico que alcanza las capas más profundas de la piel, llegando hasta la dermis reticular, donde crea necrosis e inflamación. Su uso está especialmente indicado en caso de arrugas y cicatrices especialmente profundas.

La profundidad a la que se realiza el peeling depende básicamente de tres factores: el tipo de imperfección o trastorno a tratar, el tipo de exfoliante químico utilizado y la concentración en la que se encuentre.

Normalmente, el peeling químico que se realiza en el interior de los centros de estética es de tipo muy superficial. Los peelings más profundos, en cambio, deben ser realizados por personal médico especializado, ya que requieren el uso de exfoliantes químicos particularmente agresivos y/o en altas concentraciones.

Exfoliantes químicos

Hay muchos exfoliantes químicos actualmente disponibles que se pueden usar para realizar una exfoliación química. A continuación, se describirán brevemente algunos de ellos:

Alfa-hidroxiácidos

Los alfa hidroxiácidos, o ácidos de frutas, son los exfoliantes químicos más conocidos. Entre estos, recordamos:

•   **Ácido glicólico:** con una buena acción exfoliante, que puede ser más o menos profunda según la concentración utilizada. Está indicado para el tratamiento del acné, la psoriasis, las manchas cutáneas, las arrugas y las estrías.

•   **Ácido mandélico:** con una acción exfoliante extremadamente delicada, también se puede utilizar en las pieles más sensibles. Está especialmente indicado para el tratamiento del acné y las arrugas superficiales.

•   **Ácido salicílico**

El ácido salicílico es el principal exponente de la categoría de los beta-hidroxiácidos. Su uso es especialmente útil en casos de acné pustuloso leve y moderado.

•   **Ácido retinoico**

El ácido retinoico es la forma ácida de la vitamina A. Es capaz de ejercer una buena acción exfoliante y está particularmente indicado en el tratamiento de la hiperpigmentación, incluso de carácter postinflamatorio. Sólo se puede utilizar en el campo dermatológico.

•   **Ácido tricloroacético (TCA)**

Es un exfoliante químico particularmente agresivo que se utiliza única y exclusivamente en el ámbito dermatológico para el tratamiento de verrugas, cicatrices profundas, melasma, queratosis y arrugas muy profundas.

Cómo se realiza el Peeling Químico

Para evitar la aparición de efectos no deseados, el peeling químico sólo debe ser realizado por personal experimentado.

El tratamiento consiste en aplicar sobre la piel -seca y limpia- uno o varios exfoliantes químicos mezclados, generalmente con la ayuda de un cepillo de cerdas suaves.

Una vez aplicado el producto en las zonas afectadas, es necesario respetar un tiempo de aplicación que varía según el tipo de exfoliante utilizado, su concentración y la imperfección a tratar.

Transcurrido el tiempo de exposición, se retira el exfoliante químico (o la mezcla de exfoliantes, según corresponda) y se limpia la piel en profundidad.

Finalmente, es posible aplicar productos hidratantes o productos específicos para aumentar, en la medida de lo posible, el efecto obtenido con el peeling. Por ejemplo, si el peeling se ha realizado para eliminar arrugas, puede ser útil aplicar una mascarilla o una crema antiarrugas al final del tratamiento. La aplicación de sustancias activas después de tal tratamiento, de hecho, aumenta considerablemente su absorción.

Tanto antes como después de la ejecución del peeling químico, para evitar complicaciones y efectos no deseados, es necesario evitar la exposición a los rayos UV, ya sean naturales o artificiales.

Cómo funciona el peeling químico

Como se mencionó, con la ejecución del peeling químico se aceleran los procesos naturales de exfoliación de la piel y se estimula la renovación celular. Los exfoliantes químicos utilizados para realizar el peeling químico, de hecho, son capaces de romper los enlaces que mantienen unidos los corneocitos entre sí y de inducir necrosis e inflamación en las capas más o menos profundas de la piel (epidermis, dermis papilar y reticular).

Gracias a este mecanismo de acción, con el peeling químico es posible:

•   Eliminar las células de la epidermis y dermis que se encuentran alteradas y dañadas.

•   Promover la renovación celular, favoreciendo así la renovación de la piel.

•   Estimular la síntesis de nuevo colágeno y nuevas fibras elásticas por los fibroblastos de la dermis.

•   Favorecer la absorción de los principios activos aplicados al final del tratamiento (hidratantes, emolientes, antiarrugas, etc.).

Efectos secundarios

Los efectos secundarios que pueden ocurrir tras la realización de un peeling químico varían según:

- La profundidad a la que se realizó.
- El tipo de exfoliante químico utilizado.
- La sensibilidad del paciente al tratamiento.

En cualquier caso, entre los principales efectos secundarios que pueden presentarse, recordamos:

- Enrojecimiento;
- Irritación.

La aparición de los efectos secundarios antes mencionados debe considerarse normal y, por lo general, estos son leves y tienden a resolverse en poco tiempo.

Además, no debe excluirse la posibilidad de reacciones alérgicas en personas sensibles.

Entre las complicaciones más importantes, sin embargo, encontramos las infecciones y la aparición de cicatrices. Sin embargo, si el peeling químico se realiza correctamente y por personal médico especializado, la aparición de este tipo de complicaciones es un evento raro.

Capítulo 5
Medicamentos para el acné

Terapia farmacológica

El tratamiento farmacológico del acné puede ser diferente en función de varios factores, como la causa que lo ha desencadenado, su gravedad, el tipo de acné que padece el paciente (pápulo-comedónico, pápula pustular, pustular, etc.) y la propia respuesta del paciente al tratamiento.

A continuación, se enumeran algunos de los principales principios activos utilizados en la farmacoterapia de las distintas formas de acné. Por supuesto, el tratamiento farmacológico del acné puede y debe ser prescrito exclusivamente por el médico o dermatólogo.

* **Adapalene**

Adapalene (Differin®) es un retinoide relativamente nuevo para uso tópico disponible como gel en una concentración de 0.1%.

Adapalene está indicado para el tratamiento del acné moderado y provoca menos efectos secundarios que otros retinoides, como la tretinoína tópica (también conocida como ácido retinoico).

Adapalene debe aplicarse en una sola capa sobre toda el área afectada por el acné una vez al día, preferiblemente por la noche.

Dado que los retinoides tienen actividad exfoliante, si el uso de adapalene causa irritación en la piel, se puede reducir su frecuencia de uso aplicándolo en noches alternas.

Adapalene no debe aplicarse en los ojos ni demasiado cerca de la nariz y la boca. Además, debido a su acción exfoliante, se deben reducir al máximo las exposiciones solares durante el uso del producto.

Por último, es bueno recordar que todos los retinoides tienen efecto teratogénico, es decir, pueden inducir malformaciones al feto durante el embarazo, por lo que no deben tomarse en absoluto durante el embarazo y deben suspenderse incluso dos años antes de planificarlo, ya que tienden a acumularse en los tejidos y requieren de este larguísimo intervalo de tiempo para ser eliminados definitivamente del organismo.

* **Peróxido de benzoilo**

El peróxido de benzoilo (Benzac®) pertenece al grupo de antimicrobianos utilizados para combatir el acné.

Tiene una doble acción: desinfectante y depurativa, ya que libera los folículos de las células muertas que impiden la fuga de sebo, a la vez que ejerce una buena acción antibacteriana.

El peróxido de benzoílo se formula en forma de gel en concentraciones que pueden variar del 5 al 10%. Para pieles claras, generalmente se recomiendan productos de baja concentración.

Entre los efectos secundarios más comunes encontramos la irritación de la piel. Para disminuir el riesgo de cualquier reacción de fotosensibilización, el producto puede aplicarse por la noche. En cualquier caso, no recomendamos la exposición al sol durante su uso.

- **Antibióticos**

Contrariamente a la creencia popular, tratar el acné con antibióticos NO es la terapia farmacológica de primera elección, ya que, en muchos casos, la infección bacteriana es una consecuencia del acné y no la causa principal.

En estas circunstancias, de hecho, la toma de antibióticos podría no sólo conducir a resultados insatisfactorios, sino incluso dar lugar a fenómenos de resistencia.

Por lo tanto, está claro por qué los médicos intentan limitar el uso de antibióticos tanto como sea posible.

El uso de antibióticos se reserva únicamente para las formas muy graves de acné que, además de la aparición de forúnculos y puntos negros, se caracterizan por la formación de abscesos, nódulos y quistes.

En estos casos, por tanto, el médico puede recurrir al uso de fármacos antibióticos tópicos, entre los que se encuentran la eritromicina (Eryacne gel®) y la clindamicina (Dalacin-T®).

Estos antibióticos inhiben la subunidad ribosómica 50S de la bacteria, deteniendo así el proceso de formación de la cadena polipeptídica; en última instancia, este bloqueo de la síntesis de proteínas provoca la detención de la proliferación bacteriana. Son antibióticos con acción bacteriostática, pero a dosis altas pueden llegar a ser bactericidas. Los efectos secundarios más comunes también se llevan a cabo en la piel, con ardor, sequedad e irritación en la zona de aplicación.

Generalmente, se tiende a evitar la terapia sistémica con antibióticos, con el fin de evitar la aparición de molestos efectos secundarios y la posible aparición del fenómeno de resistencia a este tipo de fármacos.

En cualquier caso, será el médico quien valore de forma estrictamente individual qué fármacos y qué estrategia terapéutica se adaptan mejor a cada caso concreto.

- **Isotretinonina**

La isotretinoína (Roaccutan®) es otro retinoide utilizado en el tratamiento del acné.

Es un fármaco muy potente indicado sobre todo para contrarrestar el acné quístico y el acné de origen psicológico (estrés) que no se puede tratar con otros fármacos.

Previene la producción de sebo, libera la piel de células muertas y combate la inflamación.

La isotretinoína solo debe usarse bajo estrecha supervisión médica y después de realizarse análisis de sangre, el medicamento debe aplicarse sobre la piel una o dos veces al día y no debe usarse durante el verano.

La isotretionina tiene acción teratogénica, de hecho, puede atravesar la placenta y causar malformaciones en el feto cuando se toma durante el embarazo. Por ello, el uso de este fármaco no debe ser realizado en absoluto por mujeres embarazadas y en todo caso debe interrumpirse su uso mucho antes del inicio de un posible embarazo.

- **Terapia hormonal**

En mujeres también es posible tratar el acné recurriendo a la terapia hormonal que se basa en el uso combinado de acetato de ciproterona y etinilestradiol (Diane®).

Sin embargo, los resultados de este tipo de terapia se ven solo después de tres meses de tratamiento y no siempre son duraderos. De hecho, muy a menudo, la suspensión de las drogas trae de vuelta el problema.

Los principios activos utilizados en la terapia hormonal también están dotados de actividad anticonceptiva; sin embargo, NO deben usarse de ninguna manera como método anticonceptivo.

Por supuesto, la dispensación de medicamentos similares para el tratamiento del acné solo puede tener lugar previa presentación de una receta médica específica.

Hay varias clases de fármacos en el mercado que son útiles para la profilaxis dermatológica del acné. El metronidazol actúa como antiinflamatorio contra un protozoo que se encuentra principalmente en las glándulas sebáceas de la cara -Demodex brevis, más conocido como ácaro- y es efectivo para el tratamiento de la rosácea. También este fármaco presenta como efectos secundarios ardor, sequedad e irritación en la zona de aplicación.

En casos particularmente severos de acné, el médico puede decidir proceder con la administración oral de medicamentos antibióticos.

- **Antimicrobianos tópicos**

El peróxido de benzoílo y el ácido azelaico se usan como antimicrobianos tópicos.

Además de la acción antibacteriana, los dos principios activos mencionados también están dotados de propiedades queratolíticas y comedolíticas, muy útiles en el tratamiento del acné y sus manifestaciones típicas.

- **Retinoides**

Los retinoides son fármacos dermatológicos potentes y ampliamente utilizados. En particular, el ácido retinoico o tretinoína, aplicado sobre la piel -donde presenta una absorción inferior al 10%- favorece la descamación de los queratinocitos y el recambio celular; por ello con los primeros tratamientos se produce un empeoramiento de la enfermedad, mientras que el efecto terapéutico se manifiesta con el tiempo. También se puede aplicar en pieles foto dañadas porque favorece la síntesis de colágeno y nuevos vasos sanguíneos. El ácido retinoico debe aplicarse sobre la piel seca, evitando las zonas delicadas como las fosas nasales, los ojos, los labios y membranas mucosas. Es una molécula insoluble en agua y altamente fotosensible por lo que se aconseja no exponerse a la luz solar durante el tratamiento.

Otro ingrediente activo de esta categoría farmacológica es la isotretinoína, un retinoide sintético utilizado para la terapia del acné quístico. El tratamiento se realiza por vía oral y es muy eficaz; sin embargo, también en este caso se debe prestar atención a los posibles efectos secundarios: además de la sequedad y la irritación de la piel, se ha demostrado un efecto teratogénico que, sin embargo, persiste durante mucho tiempo incluso después de la interrupción, ya que el fármaco se elimina muy despacio.

- **Corticosteroides**

Otros fármacos dermatológicos empleados en el tratamiento farmacológico del acné son los corticoides de uso tópico, utilizados por su actividad antiinflamatoria. La formulación en lociones, geles, pomadas y cremas, está adecuadamente desarrollada con vehículos que facilitan la absorción del principio activo. La aplicación de glucocorticoides de acción moderada es frecuente en casos de acné, dermatitis seborreica, dermatitis alérgica y queratosis; para patologías más graves como el acné quístico se necesitan inyecciones locales.

- **Queratolíticos**

Los agentes queratolíticos también se pueden emplear en el tratamiento del acné; y son muy útiles ya que -gracias a sus particulares mecanismos de acción- son capaces de liberar el folículo piloso obstruido, favoreciendo así la desaparición -o en todo caso la atenuación- del trastorno.

- **Remedios con hierbas**

Contra el acné también existen alternativas fitoterapéuticas válidas, que se pueden distinguir según el tipo de acción en remedios sistémicos con acción drenante, depurativa y antiinflamatoria y remedios tópicos con acción hidratante e higienizante de la piel.

Entre los posibles remedios fitoterapéuticos disponibles actualmente para el tratamiento del acné, recordamos:

- **Bardana:** tiene acción antibiótica, depurativa, diaforética y colagoga; reduce la proliferación bacteriana en el folículo sin inducir efectos secundarios. Por este motivo, se utiliza con frecuencia en el tratamiento del acné y el eczema.

- **Aceite esencial de Melaleuca** (Tea Tree Oil): tiene acción antibacteriana y por ello se utiliza para el tratamiento del acné refractario y la furunculosis.

- **Viola tricolor**: contiene flavonoides con acción depurativa, emoliente y antiinflamatoria.

En presencia de acné también se puede recurrir al abedul, diente de león, equinácea y caléndula.

Prevención

La adopción de conductas adecuadas al problema del acné y algunas intervenciones en el estilo de vida, favorecen una mejoría y pueden contribuir para la efectividad de los tratamientos sugeridos por el dermatólogo.

1)   No recurra a remedios caseros ni deje que la enfermedad siga su curso: el acné quístico es una enfermedad inflamatoria crónica que no debe subestimarse. Sin tratamiento, la situación puede complicarse y pueden aparecer manchas oscuras y cicatrices permanentes en la piel.

2)   Resista la tentación de tocarse continuamente la cara: el roce de los puntos negros y las pústulas puede favorecer la propagación de las erupciones.

3)   Nunca se deben aplastar los puntos negros y los forúnculos: esta maniobra traumática provoca la formación de cicatrices profundas y permanentes debido a la fuerza que ejercen las uñas sobre los tejidos ya inflamados, además de provocar la aparición de otras lesiones. Del mismo modo, los quistes no deben perforarse con una aguja: el riesgo es agravar la situación. En caso de nódulos profundos está indicada una limpieza facial por el dermatólogo.

4)	Limpiar la piel con las debidas precauciones: el uso de cosméticos demasiado grasos y comedogénicos que pueden predisponer al trastorno, ya que favorecen la acumulación de sebo y la obstrucción del folículo piloso. Sin embargo, lo contrario también es cierto: lavar la piel propensa al acné con demasiada frecuencia puede empeorar la situación. Para lavarse la cara, es buena idea utilizar un limpiador específico suave y no espumoso, dos veces al día. Los movimientos de limpieza deben ser suaves, para no extender las erupciones e irritar aún más la piel. Sin embargo, cuando el acné afecta la espalda, es mejor usar jabones antisépticos en la ducha.

5) Seguir una dieta correcta: se deben evitar siempre los excesos alimentarios y los aumentos de peso peligrosos, ya que favorecen los desequilibrios hormonales, muchas veces implicados en los mecanismos subyacentes a la enfermedad. Por esta razón, se deben limitar los alimentos en conserva, grasos, leudados, fritos y dulces. En su lugar, es útil consumir frutas, verduras, pescados y cereales, así como beber abundante agua para mantener el grado correcto de hidratación de la piel y favorecer la eliminación de toxinas.

Remedios Naturales y Homeopatía

El mundo fitoterapéutico ofrece cierta variedad de remedios naturales derivados de plantas, diseñados para intervenir no solo sobre el acné, sino también sobre los factores que lo desencadenan.

Hay muchos remedios utilizados en la medicina tradicional y alternativa para combatir el acné. Estos remedios, con los más variados mecanismos de acción, comparten el hecho de que son de origen natural.

En las medicinas alternativas, sin embargo -a diferencia de la medicina basada en el método científico- no existe un solo medicamento o una categoría de fármacos capaces de vencer el acné, sino una serie de remedios personalizados que tienen en cuenta las implicaciones físicas y psicológicas de quien lo padece.

Como sabemos, la manifestación del acné está relacionada con la cantidad de sebo producido: la piel es grasa, las glándulas pilo-sebáceas están inflamadas y los poros dilatados.

Los remedios naturales efectivos para el acné deben tener propiedades antiinflamatorias, astringentes, antisépticas y desintoxicantes para disminuir las impurezas de la piel.

Cuando hablamos de remedios naturales, queremos indicar un amplio y heterogéneo conjunto de sustancias de origen natural (vegetal, animal, mineral) utilizadas para combatir determinadas dolencias o enfermedades, entre las que también encontramos el acné.

Hay muchos remedios naturales disponibles para combatir este trastorno de la piel y esto permite identificar el tratamiento que mejor se adapta a cada individuo.

Remedios Naturales

Incluso si decide recurrir a remedios naturales para combatir el acné, el tratamiento no puede ignorar las causas que desencadenaron la manifestación del fenómeno.

Por lo tanto, considerando que las causas del acné son muchas y variadas, el remedio debe estar dirigido a esa dolencia en particular.

Por ejemplo, los trastornos hepato-intestinales también pueden reflejarse en la piel a través de la manifestación del acné. En este sentido, es deber del especialista encaminar al paciente hacia el tratamiento natural más eficaz para restablecer el equilibrio del hígado y el intestino: deben preferirse los fármacos coleréticos: colagogos, desinfectantes y depurativos.

Además, el acné puede ser consecuencia de trastornos hormonales, de la pubertad y de la menstruación: en este caso, será adecuado el uso de plantas medicinales con acción folicular, adecuadas para regular el ciclo menstrual.

Además, la condición psicológica del sujeto también es un probable desencadenante: tensiones, preocupaciones, ansiedades se perciben a nivel de las glándulas suprarrenales, que responden con una hiperproducción de hormonas (entre todas, cortisol). En tales circunstancias, como remedio natural, el herbolario puede recomendar fármacos cuyos principios activos actúen como ansiolíticos y sedantes del sistema nervioso central. Como resultado, la piel sufrirá menos el estrés al que está sujeto el individuo y es probable que el acné disminuya y finalmente desaparezca.

Si el acné es el reflejo de una alergia alimentaria, el remedio más eficaz es eliminar el alimento de la dieta: la alergia desaparece, al igual que el acné.

Acné y Nutrición

Los remedios naturales, sin embargo, no pueden conducir a una involución neta del acné si la persona afectada sigue una dieta desequilibrada.

De hecho, es bien sabido cuánto la dieta de un individuo puede afectar la apariencia y la salud de la piel. Por ello, es de fundamental importancia adoptar una dieta correcta y equilibrada, libre de excesos, baja en alimentos grasos y azúcares.

A todo ello, es fundamental asociar un adecuado grado de hidratación que se puede conseguir y mantener bebiendo al menos dos litros de agua al día.

Precauciones de comportamiento

Al igual que se ha dicho para la nutrición, en el tratamiento del acné también es importante adoptar algunas precauciones de comportamiento, para ayudar a la acción de los remedios naturales que se pretende utilizar. En detalle, si sufres de acné, necesitas:

- Evitar aplicar cremas cosméticas irritantes.

• Evitar el uso de sustancias grasas en la piel, que pueden agravar el acné.

• Evitar la aparición de puntos negros, que pueden infectar las células vecinas y potenciar el acné.

• No frotar continuamente el área afectada por el acné.

• Limpiar en profundidad la piel con productos no agresivos, teniendo cuidado de desmaquillar por completo.

Solo si se respetan estas sencillas precauciones, el uso de remedios naturales es adecuado: en la fitoterapia se pueden encontrar diversos preparados naturales como infusiones depurativas, jarabes, elixires, comprimidos y gotas para uso interno, o cremas, ungüentos, geles, compresas o máscaras para una aplicación local.

Para una acción potenciada, se recomienda combinar un producto oral con un preparado de acción tópica.

A continuación, se presentan algunos modelos de remedios naturales efectivos para el acné; analizaremos brevemente cada preparación a base de hierbas para combatir la manifestación del fenómeno:

Crema natural contra el acné

Una crema herbal para el acné se debe esparcir sobre la piel limpia, posiblemente después de un baño caliente, ya que los poros de la piel están "preparados" para acomodar el remedio natural. Alternativamente, antes de aplicar el remedio natural, es posible realizar baños de vapor colocando el rostro frente a un recipiente que contenga agua previamente hirviendo. Para evitar que el vapor se disperse, también es posible cubrir la cabeza con una toalla. Al hacerlo, los poros se abrirán gracias al calor del vapor y estarán "preparados" para recibir la crema natural.

Esta crema se caracteriza por fármacos capilarotrópicos, vasoprotector, antiinflamatorio, astringente y calmante. A continuación, se ilustran los principales ingredientes que se pueden incluir en la composición de una crema natural para combatir el acné.

- **Bardana**

La bardana (Arctium lappa) es probablemente el remedio natural más adecuado para tratar las dolencias relacionadas con el acné. La bardana se define como un "endocosmético" porque favorece la correcta fisiología de la piel gracias a los sesquiterpenos, los compuestos poliacetileno sulfonados, los ácidos cafeilquínicos (ácido clorogénico) y las inulinas, que favorecen la actividad depurativa y descongestionante. La bardana también se configura como un excelente remedio natural formulado en forma de tisana, gracias a las inulinas, que determinan la actividad diurética. Además, la bardana limpia los riñones y el hígado debido a la presencia de sustancias germicidas. Además, es rico en mucílagos que confieren a la crema propiedades calmantes; los poliacetilenos presentes, por otro lado, promueven la actividad antibacteriana y antimicrobiana.

- **Castaño de Indias**

El extracto de castaño de Indias (Aesculus hippocastanum) es un remedio natural especialmente indicado para el tratamiento de pieles congestionadas, inflamadas y con tendencia acnéica: el fitocomplejo está compuesto por saponinas, útiles para estimular la microcirculación. El castaño de Indias mejora la funcionalidad de los capilares, siendo capilarotrópico y vasoconstrictor.

- **Espino**

El espino blanco (Crataegus monogyna) tiene un fitocomplejo caracterizado por flavonoides (hiperósido, vitexina), procianidinas, catequinas, ácidos fenólicos, aminas y triterpenos: el remedio natural se incluye en una crema antiacné principalmente por sus propiedades antiinflamatorias.

- **Hamamelis**

El hamamelis (Hamamelis virgiliana) también se utiliza en el tratamiento del acné por sus fuertes propiedades antiinflamatorias (reduce la inflamación), astringentes, vasoconstrictoras y cicatrizantes.

- **Gel de aloe vera**

El gel de aloe vera es un excelente remedio natural para el acné, ya que favorece la actividad antiinflamatoria, reparadora y astringente de la crema. Las personas con acné tienden a rascarse la piel afectada: debido al roce, la piel se rasga, se crea una pequeña hemorragia y se forma una pequeña costra: el aloe actúa como un buen cicatrizante.

Una crema formulada con estos fármacos favorece el cierre de los poros dilatados, mantiene la piel tonificada y la protege, creando una película que actúa como barrera frente a bacterias y factores ambientales. También se favorecerá la normalización de la producción de sebo cutáneo.

Remedios naturales internamente

Como se mencionó, para obtener una acción potenciada, a los remedios naturales externos para aplicar directamente sobre la piel (como, por ejemplo, cremas naturales), es posible asociar remedios naturales para tomar por vía oral, luego internamente. Entre estos, recordamos:

• Diente de león (Taraxacum officinale): es un excelente remedio natural diseñado para un producto de uso interno (opercoli). El diente de león está compuesto por sesquiterpenos lactónicos, fenilpropanos y fitoesteroles, que promueven la actividad diurética y depurativa; además, estimula los glomérulos, manteniendo activa la función renal.

• Fermentos lácticos vivos (probióticos): los fermentos lácticos vivos representan ciertamente un remedio biotecnológico indispensable para el equilibrio de la flora bacteriana intestinal. Como hemos analizado, de hecho, incluso las repercusiones intestinales pueden conducir a la piel con la formación de acné. En consecuencia, los probióticos son útiles para la fisiología de la población bacteriana.

Mascarilla de arcilla

Periódicamente también se recomiendan las mascarillas de arcilla (Bolus alba), ya que son eficaces para depurar la piel de toxinas y bacterias.

Es conocida la capacidad de la arcilla para incorporar impurezas, sacándolas de la piel. La arcilla debe mezclarse con agua (quizás agregando un extracto glicólico de bardana, equinácea, alcachofa o fumaria), hasta lograr una masa bastante sólida. La arcilla tiene la capacidad de enriquecer la piel con oligoelementos como el silicio, el hierro, el calcio, el magnesio y el aluminio y, al mismo tiempo, purificar la piel.

La aplicación de la mascarilla debe durar entre 15 y 20 minutos, para dar a la arcilla el tiempo necesario para realizar su acción. Generalmente, cuando la mascarilla se retira con agua, la piel aparece muy seca: en este sentido, recomendamos la aplicación de una crema nutritiva semigrasa (preferiblemente, crema de caléndula).

Aceites esenciales

Los aceites esenciales representan un interesante remedio natural contra el acné, para tonificar la piel y, sobre todo, para desinfectarla de impurezas acneicas. Para combatir el acné, el uso de aceites esenciales extraídos de ciertos tipos de plantas también está muy extendido en el campo fitoterapéutico. Generalmente, los aceites esenciales utilizados en esta área tienen propiedades bacteriostáticas o bactericidas.

Los aceites esenciales de tomillo, orégano y limón actúan con un amplio espectro antibacteriano, pero la salvia, el mirto, el geranio, la naranja amarga, la bergamota, el cedro y el alcanfor también son remedios muy eficaces.

Los aceites esenciales con mayor espectro antibacteriano son Tomillo, Orégano, Limón y Ajedrea. Para uso externo están indicados Limón, Lavanda, Salvia, Arrayán, Toronjil, Ciprés, Tomillo, Helicriso, Geranio.

Los aceites esenciales pueden diluirse en muy poca agua y aplicarse sobre la piel con un bastoncillo de algodón, o añadirse a cremas, mascarillas o aceites ligeros.

Se aplican sobre la piel en forma de pack (un par de gotas en dos dedos de agua), o diluidos en un aceite ligero (por ejemplo, Aguacate, Nuez o Jojoba), o mezclándolos con mascarillas de arcilla (sustancias con reconocidas propiedades depurativas de la piel).

En el mercado existen cosméticos válidos a base de aceites esenciales destinados a pieles grasas, acnéicas e impuras.

En este caso, solo se han reportado cuatro modelos diferentes simples de preparaciones a base de hierbas, para dar una idea de cómo los medicamentos pueden realizar su acción para combatir el acné; en el mercado existen muchos otros preparados naturales, adecuados para pieles grasas, acnéicas e impuras. El herbolario o dermatólogo aconsejará al paciente sobre el remedio natural más adecuado a sus necesidades, para combatir el acné.

Fitoterapia

La fitoterapia es el ejemplo clásico de terapia que hace uso de remedios naturales para el tratamiento de diversas dolencias. Más concretamente, se recurre al uso de plantas medicinales, porciones de las mismas y/o sus derivados.

En concreto, para el tratamiento del acné, las plantas más utilizadas en dermatología son la Bardana y el Pensamiento Silvestre:

• La raíz de Bardana ejerce una acción antiséptica y purificante sobre la piel. Favorece la depuración del hígado y los riñones y contiene sustancias germicidas (que matan las bacterias). Se utiliza en tintura madre (30-50 gotas tres veces al día), nebulizado, extracto fluido, o en la clásica decocción (una cucharadita de raíces por taza de agua. Hervir durante diez minutos y consumir mañana y noche entre comidas).

• El pensamiento silvestre ejerce una acción diurética, depurativa y antiacnéica. Se utiliza en tintura madre (20-30 gotas tres veces al día) o infusión (2 cucharaditas por taza, -3 tazas por día).

Para el tratamiento del acné, la fitoterapia también utiliza las conocidas propiedades antibacterianas del propóleo, una sustancia que producen las abejas a partir de las resinas que recogen de la corteza y los brotes de las plantas.

El propóleo, además de ser un excelente antibacteriano, también tiene una buena actividad antiinflamatoria. Se aplica en forma de cremas, ungüentos, mascarillas, compresas o vaporizaciones o internamente como tintura madre (10-20 gotas 2 o 3 veces al día).

Homeopatía

La medicina homeopática interviene sobre los síntomas del acné, pero también sobre factores que no están directamente relacionados con la enfermedad.

La terapia se puede implementar en dos frentes:

• Con remedios sintomáticos (que reducen los síntomas).
• Con remedios básicos que actúan sobre el "suelo" del enfermo.

En todos los casos es el especialista quien debe indicar, caso por caso, el tratamiento específico.

Los remedios sintomáticos se prescriben en función de la apariencia de la pápula del acné y la constitución de la piel. Son derivados halogenados (es decir, que contienen uno de los tres halógenos yodo, bromo o cloro, responsable experimentalmente del acné tóxico). Si una persona sana entra en contacto con uno de estos elementos en exceso, desarrollará acné.

Hay tres remedios principales:

- Yodato de azufre
- Bromato de calcio
- Natrum Muriaticum.

El primer remedio (Sulphur Iodatum) es típico de sujetos muy delgados y nerviosos; el segundo (Calcium Bromatum) para los deprimidos; mientras que el tercero (Natrum Muriaticum) es específico para quienes escapan de las relaciones humanas y tienden al aislamiento. Los antibióticos homeopáticos se utilizan para combatir el componente bacteriano del acné y son:

- Hepar Sulphur, en el caso de acné purulento.
- Árnica montana, en presencia de pústulas violáceas dolorosas y endurecidas.

Si por el contrario el acné está ligado a la alimentación, puede utilizar Antimonium Crudum o Nux Vomica, indicados para quienes llevan una vida especialmente estresante.

Drogas de fondo

Los fármacos subyacentes son típicos de la personalidad del individuo, independientemente de la enfermedad. Las "personalidades" (tipos físicos) que con mayor frecuencia desarrollan acné son:

- Natrum Muriaticum

- Azufre
- Thuja
- Silícea
- Tuberculina.

La vacuna

La vacuna homeopática se obtiene tomando material purulento (pus) del paciente durante la fase aguda de la enfermedad. Una vez elaborada con este material la vacuna, se administra en gotas o por inyección al propio paciente, con el fin de inmunizarlo frente al agente bacteriano presente en el acné.
Del mismo modo, también se puede tomar una gota de sangre. La técnica es la misma, mientras que el objetivo es desensibilizar el cuerpo del exceso de hormonas circulantes. Se sabe, de hecho, que el acné también tiene un origen hormonal.

Advertencias

El acné no se presenta necesariamente como un fin en sí mismo. En muchos casos, de hecho, puede ser el síntoma o la consecuencia de algún trastorno o patología subyacente aún no diagnosticada.

Por ejemplo, los trastornos hormonales y los trastornos hepatobiliares se encuentran entre los trastornos más comunes capaces de provocar la aparición del acné.

Por esta razón, en caso de manifestaciones de acné - especialmente si son repentinas y de alta intensidad -

siempre es bueno consultar a su médico y evitar cualquier tipo de terapia "hágalo usted mismo", para ahorrar tiempo en terapias ineficaces y con resultados dudosos y con el fin de evitar la aparición de posibles efectos indeseables.

En este sentido, es bueno recordar que incluso los remedios homeopáticos, aunque no se consideren medicamentos, deben ser recetados exclusivamente por el médico homeópata.

Ácido salicílico para una piel más bella

Principal exponente de los beta-hidroxiácidos, el ácido salicílico es una molécula con conocidas propiedades exfoliantes que, por este motivo, es muy utilizada en cosmética.

Sin embargo, las propiedades exfoliantes y queratolíticas no son las únicas que posee el ácido salicílico. De hecho, también es capaz de ejercer actividades antiinflamatorias, analgésicas, bacteriostáticas y fungicidas.

Estas propiedades hacen que el principio activo también sea explotado en el campo farmacéutico -donde se encuentra en medicamentos reales indicados para el tratamiento de diversas dolencias- y no solo en el cosmético.

Evidentemente, los cosméticos y medicamentos a base de ácido salicílico son productos completamente distintos, que para ser producidos y comercializados siguen normativas distintas y cuyo uso y utilización se realiza de formas distintas.

Características

Nomenclatura, principales características y dónde se encuentra el Ácido Salicílico

En química, el ácido salicílico también se conoce como ácido 2-hidroxibenzoico. Se identifica por la fórmula bruta $C_7H_6O_3$

Esta molécula deriva de la hidrólisis enzimática de la salicina, glucósido salicósido extraído del sauce (Salix alba). En la naturaleza, el ácido salicílico se encuentra en numerosas plantas en forma de éster, particularmente en las hojas de la gaulteria (Gaultheria procumbens).

El ácido salicílico, disponible en forma de polvo cristalino blanco o de agujas finas e incoloras, primero tiene un sabor dulce y luego acre. Sometida a la acción de la luz solar, la molécula se altera en su color natural.

En agua, el ácido salicílico es poco soluble, mientras que se solubiliza muy bien en alcohol, éter, acetona y cloroformo.

Además de sus propiedades queratolíticas/exfoliantes, el ácido salicílico también se utiliza por sus propiedades bacteriostáticas, antifúngicas y secantes.

Como se mencionó, el ácido salicílico se usa en el campo cosmético, pero también en el campo dermatológico, por sus propiedades queratolíticas y exfoliantes.

Cuando se aplica sobre la piel, de hecho, el ácido salicílico ejerce una potente acción queratolítica, ya que es capaz de romper selectivamente la cadena proteica de queratina, abundantemente presente en los corneocitos, disminuyendo así las fuerzas de cohesión que unen estas células entre sí. De esta forma se favorece la descamación de las capas más superficiales de la piel, favoreciendo al mismo tiempo la renovación celular.

Al no ejercer ningún efecto sobre otras proteínas, el ácido salicílico es capaz de exfoliar y destruir solo las células del estrato córneo: por este motivo, la molécula es bien tolerada por las células subyacentes, claramente desprovistas de cualquier rastro de queratina.

Para que se utiliza

El uso de cosméticos a base de ácido salicílico para uso doméstico puede ser útil en presencia de acné e impurezas en la piel.

Tratamientos "más intensos" a base de ácido salicílico como los peelings químicos -más aún si son ambulatorios y no domésticos- pueden ser útiles en caso de acné papulo-pustuloso leve o moderado: eliminando el tapón de queratina, de hecho, esta molécula es capaz de liberar el folículo pilo-sebáceo, reduciendo visiblemente los signos y síntomas del trastorno. Para ello, generalmente se requieren varias sesiones de tratamiento, espaciadas entre sí por un intervalo de tiempo adecuado.

Además de lo dicho hasta ahora, el peeling con ácido salicílico también se puede utilizar en las siguientes circunstancias:

* Acné en fase comedónica y acné nodular
* rosácea.
* Manchas en la piel relacionadas con el fotoenvejecimiento (estado típico de hiperpigmentación cutánea de personas de mediana edad y ancianas).
* Trastornos del cuero cabelludo: caspa, psoriasis.
* Durezas e hiperqueratosis en general.
* Verrugas.

Cabe señalar que, para algunas de las condiciones antes mencionadas, si el médico lo considera oportuno, puede prescribir el uso de medicamentos a base de ácido salicílico.

Cómo se utiliza el ácido salicílico en cosmética

Los cosméticos a base de ácido salicílico, por supuesto, deben usarse única y exclusivamente de forma externa, en correspondencia con la zona afectada por el problema que se quiere intentar solucionar con el uso de este beta-hidroxiácido.

El ácido salicílico se puede incluir en la composición de diferentes cosméticos: cremas faciales, sérums, limpiadores, etc.

La forma correcta de usar estos cosméticos generalmente se indica en el empaque del producto, por lo que se recomienda seguir las instrucciones proporcionadas directamente por el fabricante.

En cuanto a los peelings químicos con ácido salicílico, es importante distinguir entre los productos de uso "domicilio", es decir, los que se pueden utilizar en casa, y los productos de uso ambulatorio que pueden ser utilizados única y exclusivamente por personal médico especializado. Entre estos dos tipos, también existen productos para el peeling con ácido salicílico que se utilizan en los centros de estética.

¿Cuánto funciona el ácido salicílico?

Los resultados obtenidos con el uso habitual de cosméticos a base de ácido salicílico pueden diferir de unas personas a otras: para unos los efectos son apreciables, para otros menos.

Lo mismo ocurre con los tratamientos estéticos y los tratamientos de medicina estética realizados con ácido salicílico. En general, las propiedades exfoliantes de este producto son apreciadas, pero el resultado puede variar de persona a persona, así como la satisfacción del individuo.

Advertencias

Debido a la acción queratolítica, tras el uso de productos a base de ácido salicílico y más aún tras haberse realizado peelings químicos con esta sustancia, se aconseja evitar la exposición al sol. El ácido salicílico, de hecho, al adelgazar la barrera natural del estrato córneo, hace que la piel sea más susceptible a la radiación UV. Para ello, además de evitar en lo posible la exposición directa al sol (y las sesiones de bronceado), se recomienda aplicar cremas solares de protección alta (SPF 50).

Efectos secundarios y contraindicaciones

Generalmente, los cosméticos con ácido salicílico son bien tolerados y no deberían causar ningún problema. Por supuesto, no es posible excluir la aparición de reacciones alérgicas en personas sensibles que podrían ocurrir con la aparición de:

*   Cambio marcado en el color de la piel
*   Fiebre de la piel
*   Urticaria.
*   Hinchazón de manos y pies
*   Enrojecimiento de los ojos
*   Anafilaxia (en los casos más graves).

En cuanto a los peelings químicos con ácido salicílico, los efectos indeseables pueden variar según el tipo de tratamiento realizado (domiciliario, en centro de estética), por tanto, según el tipo de producto utilizado.

La principal contraindicación para el uso de cosméticos a base de ácido salicílico se refiere precisamente a la presencia de alergia conocida a los salicilatos (incluido el ácido acetilsalicílico).

Remedios para eliminar las cicatrices del acné

Las cicatrices de acné, o cicatrices post-acné, son lesiones cutáneas permanentes que pueden ser:

- cicatrices atróficas,
- cicatrices hipertróficas o queloides

Debido a que a menudo se ubican en la cara, pueden tener un impacto significativo en la calidad de vida del paciente, especialmente cuando son grandes y desfigurantes. Sin embargo, hasta la fecha, varios tratamientos de medicina estética son posibles para reducir las cicatrices del acné.

Las cicatrices se producen como consecuencia de formas severas de acné, por ejemplo: papulopustular y nodular, y se ven favorecidas por las excoriaciones mecánicas provocadas por el paciente a través de:

- Rascarse
- Aplastamiento forzado
- o manipulación

Las cicatrices del acné se distinguen en:

- Atrófico,
- Hipertrófico
- y queloidales.

Las cicatrices atróficas, las más comunes, aparecen como depresiones en la piel y pueden tener forma ovalada, cuadrangular o triangular.

Las cicatrices hipertróficas son protuberancias de la piel que afectan solo el sitio de la lesión de acné anterior (como un bulto).

Las cicatrices queloides, por otro lado, cruzan el borde de la lesión de acné anterior.

Todas estas cicatrices pueden ser del mismo color que la piel o
* Rojo (eritematoso),
* Hiperpigmentado (de color marrón)
* o hipopigmentado (grisáceo-blanco).

El diagnóstico de las cicatrices del acné se basa en el examen clínico y los antecedentes de una forma grave anterior de acné.

Las cicatrices de acné no son lesiones cutáneas "activas" o potencialmente evolutivas, por lo que representan un problema estético más que médico y, dado que suelen presentarse en la cara, pueden tener un impacto significativo en la vida de relación del paciente.

Remedios y tratamiento

Hay una variedad de opciones de tratamiento disponibles para las cicatrices del acné.

* **Microneedling:** literalmente "inyección de microagujas", también llamada inducción percutánea de colágeno o terapia de inducción de colágeno, es un enfoque que está indicado para cicatrices atróficas, además de usarse para el rejuvenecimiento de la piel y

la alopecia androgenética. El colágeno es una de las principales sustancias proteicas de la piel, en la que cumple funciones plásticas y estructurales, siendo responsable de la turgencia y la elasticidad (junto con las fibras elásticas). El microneedling consiste en la inserción de diminutas agujas en la piel que, al crear pequeñas heridas en la epidermis (la capa más superficial de la piel) y la dermis (la capa justo debajo de la epidermis), desencadenan la activación de una serie de factores de crecimiento que conducen a proliferación y regeneración de tejidos; la remodelación de la piel por el colágeno puede durar varios meses. La microaguja se practica con un dispositivo de rodillos equipado con agujas muy pequeñas que pueden penetrar profundamente en la piel de 1 a 2 milímetros de profundidad como máximo. Puede originar edema leve y transitorio (hinchazón).

• **Microagujas de plasma rico en plaquetas (PRP):** estudios recientes han demostrado que agregar PRP a las microagujas aumenta su eficacia. El PRP es un concentrado de plaquetas obtenido mediante el procesamiento de una muestra de sangre periférica y contiene factores de crecimiento como el factor de crecimiento endotelial vascular (VEGF), el factor de crecimiento derivado de plaquetas (PDGF) y el factor de crecimiento transformante (TGF). Estos factores de crecimiento estimulan la síntesis de proteínas y colágeno y aceleran la reparación de heridas.

• **Láseres:** existen varios tipos de láseres disponibles para el tratamiento de las cicatrices del acné, tanto hipertróficas como atróficas. El láser más utilizado es el láser de CO 2. La evidencia reciente sugiere que el tratamiento con láser de CO 2 en combinación con PRP es más efectivo para aumentar la producción de colágeno y fibras elásticas que el tratamiento con láser de CO 2 solo.

• **Peelings químicos:** los peelings mejoran la apariencia de las cicatrices al destruir las capas de la piel de la epidermis o/o la dermis, al inducir una intensa exfoliación de la piel que lleva al rejuvenecimiento y remodelación de la piel. Los peelings superficiales son aquellos que penetran hasta la unión dermoepidérmica (punto límite entre epidermis y dermis); pueden contener resorcinol, tretinoína, ácido glicólico, ácido láctico, ácido salicílico o ácido tricloroacético en concentraciones del 10 al 35%. En cambio, los peelings de profundidad media alcanzan la porción superficial de la dermis e incluyen fenol, ácido tricloroacético al 35-50 % y solución de Jessner (resorcinol, ácido láctico, ácido salicílico en etanol) seguido de ácido tricloroacético al 35 %. Los peelings más ligeros en forma de crema o loción.

• **Rellenos:** los rellenos dérmicos o subcutáneos son sustancias que se utilizan como "rellenos" para aumentar el volumen de las zonas de la piel caracterizadas por cicatrices deprimidas y para estimular la producción natural de tejido cutáneo. Diferentes materiales pueden funcionar como rellenos: tejido adiposo autólogo (es decir, tomado de un paciente e inyectado al mismo paciente en otro sitio del cuerpo), tejido adiposo bovino, derivados del colágeno humano; ácido hialurónico; microesferas de polimetilmetacrilato con colágeno. Los rellenos más modernos están formulados con la adición de lidocaína (un anestésico local) para reducir el dolor causado por la inyección del material en la piel. Los rellenos a base de ácido hialurónico proporcionan una corrección de la cicatriz de forma natural ya que el ácido hialurónico es un constituyente normal de la piel a la que le confiere las propiedades de resistencia y mantenimiento de la forma. Por lo tanto, al estar presente de forma natural en el tejido de la piel, el ácido hialurónico tiene posibilidades limitadas de inducir una respuesta inmunitaria y, por lo tanto, una reacción adversa. Por la misma razón, la transferencia de grasa autóloga también es uno de los rellenos más utilizados en este momento: su seguridad se deriva del hecho de que al ser material tomado de un paciente y reinyectado en el mismo paciente, el riesgo de una reacción alérgica está ausente

- **Prevención**

Para prevenir la formación de cicatrices de acné es necesario recurrir a los cuidados especializados que requiere la afección y evitar las terapias "hágalo usted mismo".

No se recomienda en absoluto rascar, manipular o traumatizar las lesiones de acné de ninguna manera porque todas estas acciones, al irritar aún más un tejido ya inflamado, favorecen la formación de cicatrices.

¿Existe un vínculo entre la dieta y el acné?

Muchas personas han demostrado empíricamente el vínculo entre la dieta y el acné. Hay quienes se llenan de granos cuando se exceden con el chocolate, quienes notan un vínculo entre el acné y los alimentos grasos como las frituras, y quienes consideran los odiados forúnculos la inevitable "salida" de una indigestión reciente.

Quienes practican la medicina holística, por otro lado, siempre han argumentado que las toxinas, el estrés y la mala nutrición contribuyen en gran medida a la erupción. Sin embargo, al examinar la literatura científica de los últimos años, uno se da cuenta de que, incluso según algunos estudios académicos, existe una relación entre el acné y la dieta.

Los alimentos que deben evitarse

Las investigaciones más acreditadas sobre el tema demuestran que una dieta rica en alimentos con alto índice glucémico puede favorecer la aparición de acné.

- **Alimentos con alto índice glucémico**

Si se consumen en exceso, bebidas azucaradas, yogures y zumos de frutas endulzados con sacarosa en cantidades industriales, pan blanco, bollería y dulces varios, elevan los niveles de insulina, lo que a su vez aumenta la síntesis de IGF-1 y andrógenos.

Estas hormonas estimulan la producción cutánea de sebo, una masa aceitosa que dilata las paredes del folículo piloso y engulle los restos celulares hasta cerrarse. Además de aumentar la secreción sebácea, de hecho, el IGF-1 también estimula la hiperqueratización del estrato córneo (engrosa la capa más superficial de la epidermis, acelerando su recambio).

La acumulación de sebo y residuos en el interior del folículo piloso da lugar a la formación de auténticos "tapones", llamados comedones (puntos blancos primero y puntos negros después), y favorece la aparición de granos.

Estos últimos son causados por la actividad de algunas bacterias de la piel, que se alimentan de sebo y liberan ácidos grasos libres. Estas sustancias atraen glóbulos blancos y diversas moléculas inflamatorias, dando lugar a lo que comúnmente se denomina forúnculo.

Reducir la presencia de alimentos con alto índice glucémico en la dieta parece ser, por tanto, una estrategia válida para mitigar la gravedad de las manifestaciones del acné. No solo eso, hace tiempo que sabemos que esta regla también protege contra el sobrepeso, la obesidad, la resistencia a la insulina, la diabetes tipo II, el síndrome de ovario poliquístico y la enfermedad coronaria.

Acné y chocolate

Entre los alimentos que se cree son responsables del acné, el chocolate es probablemente el que se menciona con más frecuencia.

Al tratarse de un alimento con alto índice y carga glucémica, está claro que un abuso del chocolate puede favorecer la aparición de acné y espinillas.

• Fibras y probióticos para regular la función intestinal.

• Zinc

• Desintoxicantes hepáticos (boldo, alcachofa, cardo mariano)

• Extractos de plantas con propiedades antiandrogénicas (Serenoa repens, pepitas de calabaza, pichón africano) para el hombre.

• Fitoestrógenos para mujeres.

######

• Contrastar un bajo consumo de hidratos de carbono refinados con las cantidades adecuadas de grasas, proteínas, hidratos de carbono complejos y sobre todo fibras, minerales y vitaminas.

• Redescubrir el pescado y las legumbres al menos un par de veces a la semana cada uno.

• Limite la sal y el alcohol

• Al mismo tiempo aumentar la ingesta de alimentos vegetales (frutas y verduras), consumiendo al menos 4-5 raciones al día

Una dieta de este tipo aporta numerosas sustancias funcionales (fitocomplejos), que actúan armónicamente en la regulación de las funciones biológicas y eliminan la necesidad de recurrir a diversos suplementos.

Suplementos contra el Acné

Entre estos se encuentran productos especialmente diseñados para el acné, cuya composición, en ausencia de un remedio universalmente efectivo, es la más variable.

Generalmente, tratamos de actuar en varios frentes, combinando la dieta con la ingesta de diversas sustancias, como:

• Antioxidantes.
• Vitaminas (en particular A, E, C y ácido pantoténico).

Sin embargo, para aclarar el papel de este alimento en la dieta contra el acné, es importante tener en cuenta la calidad del chocolate consumido.

• Si tomamos como referencia las cremas de chocolate comerciales, en promedio son alimentos con alto índice y carga glucémica (porque son muy ricas en azúcares), con altos porcentajes de grasas saturadas provenientes del aceite de palma. Los derivados de la leche también suelen estar presentes y su sabor particularmente dulce y atractivo a menudo lleva a consumirlos en exceso. Por lo tanto, estos productos de mala calidad pueden considerarse el prototipo ideal del alimento pro-acné.

• La situación es diferente para las tabletas de chocolate extra amargo con un alto porcentaje de cacao (70% y más), en las que el contenido de azúcares simples es menor y donde normalmente no se encuentran los aceites tropicales. El sabor amargo, además, tiende a limitar las porciones de consumo. Por tanto, acostumbrar el paladar a esta categoría de productos evitando los comerciales puede ser una ayuda válida en la dieta contra el acné. Alternativamente, también es posible preparar untables caseros con ingredientes de calidad.

Alimentos contra el acné

Si tuviéramos que elaborar una dieta específica contra el acné tendríamos que repetir con detalle los principios básicos de una dieta saludable. Por lo tanto, es importante: